50

Tipps für ein zufriedenes, erfolgreiches Leben

Anton Dobrowsky-Ziegelmayer

Hier habe ich 50 Tipps für ein
zufriedenes,
erfolgreiches Leben
für Dich zusammengestellt.

Einige werden Dir vielleicht
erst in einigen Jahren helfen,
andere sofort und laufend.

Ein Grund, immer wieder mal
hier reinzuschauen.…

Hab keine Angst zuzugeben, wenn Du einmal etwas nicht weißt oder kennst.

Das ist keine Schande, niemand kann alles wissen.

Schlage niemals eine entgegengestreckte Hand aus.

Wenn jemand von einem Erlebnis erzählt, versuche nicht ihn mit Deinem Erlebnis zu übertrumpfen.
Gönne ihm sein Glück.

Angst zuzugeben ist mutiger als Mut vorzutäuschen.

Am Mutigsten ist es zu sagen: "Davor habe ich Angst, das tu ich nicht!"

Angst schützt uns vor falschen Entscheidungen.

Hände weg von Drogen. Sie
verblöden und machen pleite.
Coolness kommt von
Selbstbewusstsein und nicht
vom "herdentriebischem"
Mitmachen.
Auch wurde noch nie ein Mensch
durch eine Droge glücklicher.

Steh immer auf, wenn Du
jemanden begrüßt.

Höfliche Menschen werden
geachtet!

Teurer ist nicht immer besser.

Vergleiche Preise!

Kaufe Tiere nicht in
Zoohandlungen oder
beim Züchter sondern
hole sie aus dem Tierheim.

Lobe stets das Essen, wenn Du wo eingeladen bist - auch wenn es nicht schmeckt.

Versuche so gut als möglich
Englisch zu lernen.
Mit Englisch kannst Du Dich
fast überall auf dieser Welt
verständigen und viele
Freunde kennenlernen.

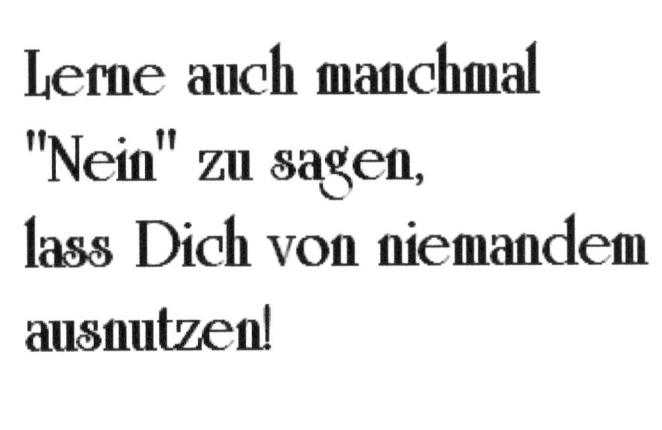

Lerne auch manchmal
"Nein" zu sagen,
lass Dich von niemandem
ausnutzen!

Wenn Dir jemand ein
Geheimnis anvertraut,
behalte es wirklich für
Dich oder sag Du willst
es nicht hören

Kränke Dich nicht, wenn Dich jemand nicht mag, solange es auch Menschen gibt, die Dich mögen. Nur Idioten werden von JEDEM geliebt, aber das meist nur, weil man sie missbrauchen kann (zum Geldleihen, zum Hilfsarbeiten, um Geschenke zu schnorren,...)

Sei stets pünktlich
und verlange das
auch von anderen.

Achte stets auf die Meinung Deiner Eltern. Sie sind diejenigen, die GARANTIERT immer Dein Bestes wollen, ohne auf eigene Vorteile zu achten. Versuche aber auch ihnen Deine Wünsche und Deine Meinung klar darzulegen, wenn Du davon wirklich überzeugt bist (z.B. bei Deiner Schul- oder Berufswahl).

Gehe niemals hungrig einkaufen,
Du wirst doppelt soviel
Geld ausgeben und Dinge
kaufen, die du nicht brauchst
oder wolltest.

Wenn Du gemeinsam mit
Deiner Familie isst,
schalte den Fernseher aus
und leg das Handy weg.

Gewöhne Dir an, Geldbörse und Schlüssel zu Hause immer an denselben Platz zu legen. Dann wirst Du sie nie suchen.

Wenn Du von etwas wirklich überzeugt bist, geh Deinen Weg.
Lass ihn Dir nicht ausreden.

Meide Leute mit
negativer Lebenseinstellung.

Versuche die Welt
kennenzulernen,
reise viel.
Das Geld ist nicht ausgegeben,
Erinnerungen hast du für immer.
Reisen kann man auch billig
erstehen.

Wenn Du ein fremdes Land besuchst, besuche das fremde Land und keine "Insel Deiner Heimat" im fremden Land wo es Deine Landsleute, Dein Essen, Deine Zeitung, Dein Fernsehprogramm, etc. gibt (diese All Inclusive Clubs).
Iss fremd, triff Fremde, lebe fremd - nur so lernst Du das andere Land und seine Leute auch wirklich kennen.

Mach Fotoalben aus Papier und keine CDs oder DVDs. In Alben blättert man immer wieder gerne, anderes verstaubt meist für immer ungesehen in Regalen.

Schiesse niemals auf Tiere, das kann jeder Depp. Respektiere jedes Tier, denn auch eine schmutzige Taube hat sich nicht ausgesucht als schmutzige Taube auf die Welt zu kommen. Sorge dafür, dass andere Menschen keine Tiere quälen und schau bei Tierqual nicht weg sondern handle (zumindest Hilfe rufen).

Egal wo Du Dich befindest -
achte Lebensart und Brauchtum
der Menschen.
Du bist der Gast, sie sind
zu Haus. Respektiere das!

Wenn Du zwischen 16 und 18 Jahre alt bist, kaufe das Buch des chinesischen Generals Szun Tzu - "Die Kunst des Krieges". Es enthält eine Unmenge an Lebensweisheiten die Du im privaten und im beruflichen Leben anwenden kannst.

Wenn Du siehst, wie offensichtlich Stärkere ein schwächeres Wesen misshandeln (Mann schlägt Frau, Größere einen Kleineren, Menschen ein Tier,…), dann schau nicht weg sondern handle! (zumindest Hilfe rufen).

Überlege Dir Freunden Geld zu leihen. Du könntest beides verlieren.

Verleihe nur Geld, das Du definitiv nicht brauchst.

Verlasse Dich nie auf einen fixen Rückzahlungstermin.

Gib Menschen eine zweite
Chance aber keine dritte.

Versuche älteren Menschen gegenüber aufmerksam und geduldig zu sein.

Ruf an und entschuldige
Dich, wenn Du Dich mehr
als fünf Minuten verspätest.

Halte Deine Versprechen
und versprich nichts,
was Du nicht halten kannst
oder willst.

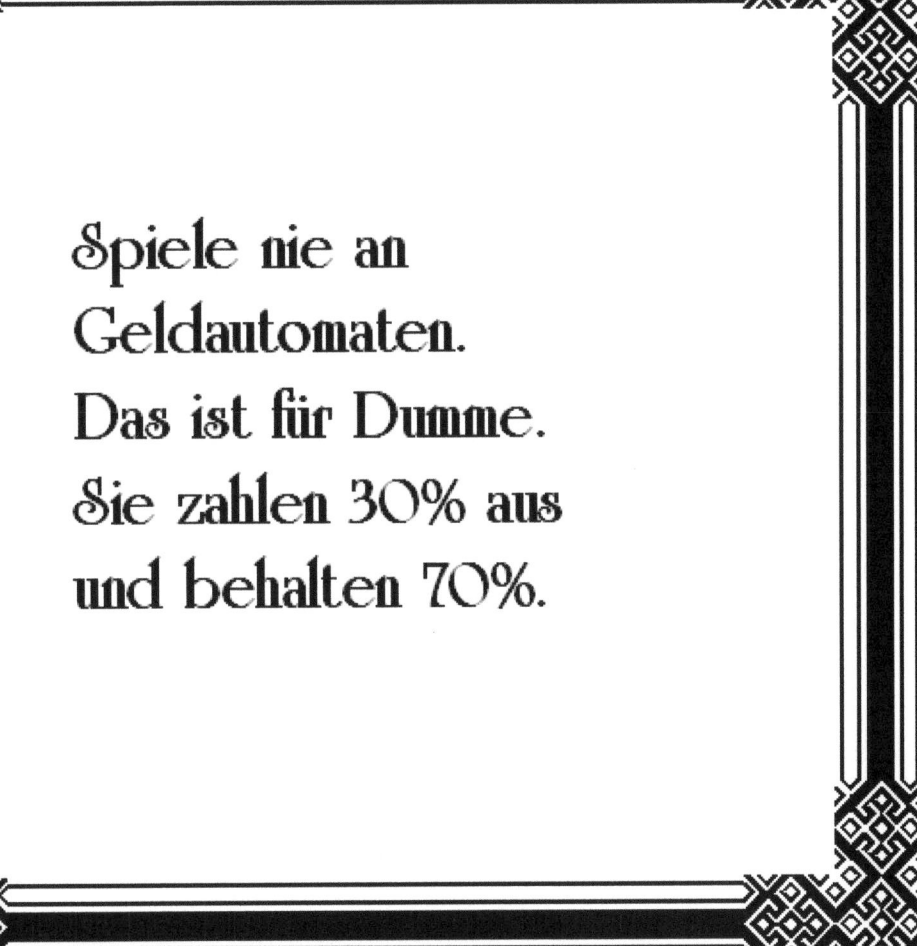

Spiele nie an
Geldautomaten.
Das ist für Dumme.
Sie zahlen 30% aus
und behalten 70%.

Versuche nicht Leute zu beeindrucken, denen Du egal bist und die Dir egal sind (z.B. mit einem teuren Auto).
Pfeif' drauf, was Fremde über Dich denken.

Schlage niemals ein Angebot
sofort aus, ohne zumindest
eine Nacht darüber zu
schlafen und nachzudenken.

Dinge die Du zwei Jahre
nicht verwendet hast,
kannst du wegwerfen -
es sei denn sie haben
persönlichen Erinnerungswert.

Besprich Geldangelegenheiten
niemals mit Leuten,
die wesentlich mehr oder
wesentlich weniger Geld
als Du besitzen.
Sie können Dir nicht helfen.

Geht es Dir gut, lass andere mit einer kleinen monatlichen Spende an Deinem Wohlstand teilhaben (Tierorganisation, Kinderhilfe,...).

Bist Du mit Deiner Arbeit unzufrieden, kündige und suche eine neue.
Du verbringst in Deinem Leben mehr Zeit mit Deiner Arbeit als mit Deiner Familie.

Kündige eine Arbeit erst, wenn Du bereits fix eine neue hast.

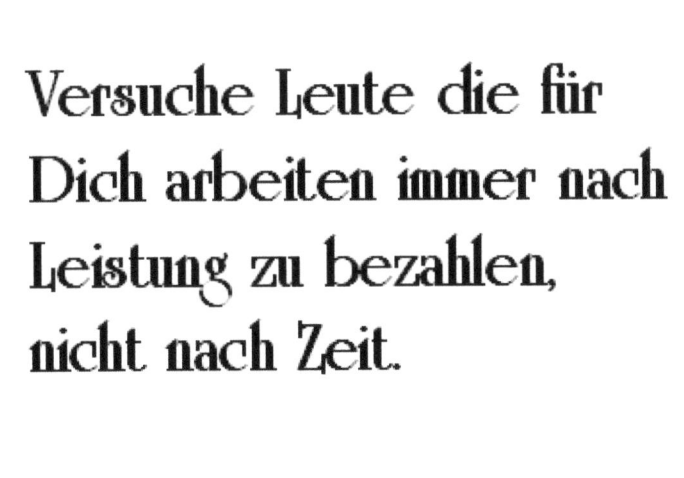

Versuche Leute die für
Dich arbeiten immer nach
Leistung zu bezahlen,
nicht nach Zeit.

Meide einen Rechtsstreit
wie die Pest.
Auf hoher See und vor
Gericht ist man in Gottes
Hand - auch wenn man sicher
Recht hat, muss man es nicht
bekommen.

Hast Du Deinen Traumjob gefunden, nimm ihn an - auch wenn die Bezahlung nicht ganz Deinen Vorstellungen entspricht.

Übe stets Dein
Wahlrecht aus.
Menschen sind dafür
gestorben, dass wir
wählen dürfen.

Streite nie mit Polizisten. Das bringt nichts, sie haben recht auch wenn sie nicht recht haben. Lächle, sei höflich und versuche möglichst billig aus der Situation rauszukommen.

Verdiene Dein Geld nicht damit, es anderen Menschen wegzunehmen oder sie zu "vernadern" (Parksheriff, GIS-Kontrollor,...). Diese Menschen sind unbeliebt und werden nicht respektiert.

Lies immer genau durch,
was Du unterschreibst,
die Zeit muss sein.

Bist du erfolgreich prahle
nicht damit aber verheimliche
es auch nicht oder entschuldige
Dich gar dafür.

Wann immer es Dir nicht gut geht, überlege was Du hast und vergleiche es mit anderen Menschen.

Oft kommt man drauf, dass man glücklicher ist als man glaubt.

Du bist auf diese Welt gekommen, um DU zu sein und nicht um zu sein, wie andere Dich wollen!

Steh stets hinter Dir selbst und Deinen Wünschen.
Lass Dich nicht verbiegen.
Es ist Dein Leben!

Meine persönlichen Worte an Dich:

Herstellung und Verlag:
BoD – Books on Demand, Norderstedt
ISBN: 978-3-7504-9483-1